Weil eine Welt mit Geschichten
eine bessere Welt ist.

Monika Bayerl

Erzähl mir von den Trumer Seen

Life is a story

1. Auflage
© 2020, Monika Bayerl

Herstellung, Gestaltung und Konzeption:
Verlag story.one publishing - www.story.one

Alle Rechte vorbehalten, insbesondere das des öffentlichen Vortrags,
der Übertragung durch Rundfunk und Fernsehen sowie Übersetzung,
auch einzelner Teile. Kein Teil des Werkes darf in irgendeiner Form
(durch Fotografie, Mikrofilm oder andere Verfahren) ohne schriftliche
Genehmigung des Copyright-Inhabers reproduziert oder unter Verwendung
elektronischer Systeme verarbeitet, vervielfältigt oder verbreitet werden.
Sämtliche Angaben in diesem Werk erfolgen trotz sorgfältiger
Bearbeitung ohne Gewähr. Eine Haftung der Autoren bzw.
Herausgeber und des Verlages ist ausgeschlossen.

Gesetzt aus der Minion Pro und der Lato.
© Coverfoto: avphotosales, shutterstock
© Fotos: Privat

Printed in Germany.

ISBN: 978-3-99087-158-4

Von Tradition, Innovation,
von Sportevents und Liebesschwüren,
von Sonnenaufgang bis tief in die Nacht.
Natur, Kultur und Freizeitspaß
im Oldtimer oder beim Sommerkino.
Im Mittelpunkt die Menschen,
die in dieser wunderschönen
Region Salzburgs leben.
Ein Bilderbogen durch ein ganzes Jahr.

INHALT

Rumpelstilzchen tanzt im Brechelbad	9
Blankes Eis	13
Die Sternsinger kommen	17
Frühlingsschauspiel im Seenland	21
Vom Sturm gefällt	25
Von Gartenzäunen und Menschlichkeit	29
Notruf	33
Verliebt, verlobt	37
Supermond und Ente	41
Mein Kultursommer	45
Das große „Rennen"	49
Engel, Harfe, Teufelsgraben	53
Fesche Pedalritter	57
Wo ich zuhause bin	61
Josef, der beste Schulwart der Welt	65
Wenn du deine Räume schmückst	69
Sprache der Begegnung	73

Rumpelstilzchen tanzt im Brechelbad

Ein Märchen? Nein! Silvesternacht 2014. Wir waren kulinarisch prächtig auf einen gemütlichen Abend bei Freunden vorbereitet. Die weiße Winterlandschaft rund um den Untersberg zauberte einen Glitzerteppich in die Nacht. Vor dem Carport hatten unsere Gastgeber eine sehenswerte Schneebar errichtet. Bunte Glühbirnen und Partymusik vom MP3 Player sorgten für Stimmung. Warm eingepackt standen wir zusammen, prosteten uns zu und sammelten Wünsche für das neue Jahr. Das Knallen der Feuerwerkskörper steigerte sich und hallte von den Hauswänden wider.

Rrrrums. Das Handy vibrierte: Einsatzmeldung der Feuerwehr - Alarmstufe 3 - Großbrand in Seeham. Was war passiert? Am Webersberg wollte man auch Silvester feiern und hatte den Ofen des Brechelbades eingeheizt. Die warme Hütte, die eigentlich ein Flachsmuseum beherbergt, eignet sich auch für kleinere Veranstaltungen.

Plötzlich hatte sich der Ofen überhitzt, der über 200 Jahre alte Stadel ging in Flammen auf. Die Freiwilligen Feuerwehren der Gemeinden Berndorf, Mattsee, Obertrum, Seeham und Seekirchen konnten ihn nicht mehr retten. Die Löscharbeiten waren schwierig, weil das Wasser über lange Leitungen gepumpt werden musste. Am Ende blieb ein Haufen dampfender Asche übrig.

Verletzt wurde zwar niemand, aber der Schock saß tief. Wie traurig waren wir, als wir davon hörten. Mein Gott, das schöne alte Museum! Ich wusste lange nichts von Brechelbädern und ihrer Funktion. Es hat sie in der Region auf vielen Bauernhöfen gegeben, weil weitum Flachs angebaut worden war, um daraus wertvolles Leinen zu gewinnen. Mit „brecheln" meint man das Aufbrechen der Fasern der getrockneten Flachspflanze, was ich selbst schon einmal ausprobieren durfte. Dahinter steckt intensive Handarbeit! Nach getaner Arbeit konnten sich die Menschen den trockenen Staub im warmen Dampf des Bades abwaschen.

Mir gefallen die blassblauen Blüten der Flachspflanze ausgesprochen gut. Sie sind aber selten geworden, denn leider verlor handgefertigtes Leinen in den 1950er Jahren seinen Wert und die alten Brechelbäder verfielen. Außer jenes der Familie Steiner in Seeham, die es 1999 revitalisierte. Nun war's AUS und VORBEI. Wie schade!

Doch - die Seehamer*innen halfen zusammen: Das Brechelbad wurde originalgetreu mit Holz eines Abbruchstadels aus dem 18. Jhd. wiederaufgebaut. In neuem Kleid steht es seit 2017 am Webersberg und schaut würdevoll über das Land.

Das letzte Mal war ich zur Langen Nacht der Museen dort. Schauspieler Maximilian Pfnür und die Haunsbergmusi ließen das alte Handwerk mit überlieferten Geschichten und Liedern wieder lebendig werden. Auch das Rumpelstilzchen kam darin vor. Ob es mit seinem wütenden Tanz ums Feuer den Brand gestiftet hatte? Wer weiß das schon.

Draußen vor der Tür, im Schein der Laterne, sah ich das Rumpelstilzchen tanzen. Ich traue ihm zu, dass es sogar Flachs zu Gold gesponnen hat.

Blankes Eis

Ein zauberhafter Zustand des Schwebens, der undenkbar scheint.

Eine seltsam veränderte Oberfläche, die uns plötzlich trägt.

Wir fühlen uns, als ob uns Flügel gewachsen wären, wie eine Windböe, die federleicht dahin gleitet.

Widerstandslos trägt uns die Bewegungsenergie über das blanke Eis.

Im Jänner 2017 war es kalt geworden. Minusgrade ohne Ende, kein Niederschlag, kein Schneefall. Ein stabiles, kaltes Hoch aus dem Norden hatte sich im Alpenraum breitgemacht. Jeden Tag drang das ferne Klirren näher. Und dann, eines morgens, wurde unsere Sehnsucht erfüllt: Der See war zugefroren!

Wie hunderte andere begeisterte Menschen folgen wir dem Sog hinauszutreten auf diese weite, spiegelblanke Fläche. Misstrauisch wagen wir den ersten Schritt, der sich, wie immer auf

Kufen, zunächst wackelig anfühlt. Ob sie uns trägt - diese wunderbare Eisfläche? Blau, tiefschwarzes Blau mit weißen Adern liegt schier kilometerweit von Nord nach Süd wie ein endloser Teppich vor uns.

Nun ist unser Gleichgewichtssinn gefordert. Du nimmst mich an der Hand und wir stolpern die ersten zwanzig Meter über das Eis, an Schlitten, Kinderwägen, plaudernden Menschen und ausgelassen spielenden Kindern vorbei. Die Eisstockschützen und Hobby-Hockeyspieler haben sich ihr Territorium bereits gesichert. Eine ausgefahrene Spur führt vom Strandbad hinüber bis zum Wartstein auf der Mattseer Seite. Also los geht's zur Seeüberquerung ohne Boot, Surfbrett oder Standupboard. Unglaublich! Magisch und beeindruckend!

Unsere Synapsen koppeln wieder an den Bewegungsablauf des Schlittschuhlaufens an. Die Sicherheit kehrt bald zurück und wir werden wagemutiger. Das gelegentliche Knarzen und Knacken im Eis können wir ausblenden. Wir gleiten dahin und fühlen uns frei wie der Wind. Kalte Luft streift prickelnd das Gesicht. Wir lachen ob der Leichtigkeit des Augenblicks.

Je mehr Leute unsere Spur kreuzen, desto sicherer fühlen wir uns, auch weiter auszuholen, den Radius auszudehnen. Es zieht uns dorthin, wo noch niemand seine Spur gezogen hat. Ich beobachte dich in deiner Lebensfreude und wie du diese Stimmung in der untergehenden Sonne genießt. Wie ein Tiefschneefahrer auf einer unberührten Schneedecke ziehst du deine Schwünge ins Eis. Legst dich in die Kurven und fühlst das Getragen Sein, das dir hier und heute geschenkt wird. Mir wird inwendig ganz warm zumute.

Heute waren wir am See spazieren, weit und breit kein Schnee und Eis. Aber diese Wolkenstimmung über dem ruhigen Wasser im Licht der Wintersonne kitzelte die Erinnerung ins Leben und diese wollte in Worte gekleidet werden. Es war wirklich ein kostbares Geschenk der Natur. Danke dafür.

Die Sternsinger kommen

Drring! Wer kann das sein? Die Nachbarin, die Findus reingelassen hat? Nein, Katerlein streicht mir um die Beine, der ist bereits vom morgendlichen Streifzug heimgekehrt. Also dann, Kaffeetasse abgestellt und zur Tür geeilt. Oh, wie schön! Die Sternsinger sind da! Mit ihren glänzenden Umgängen und goldenen Kronen. „Ich freue mich sehr!", begrüße ich die fünf Burschen und juble insgeheim, dass ich heute extra früh aufgestanden bin (was in den Ferien nicht selbstverständlich ist). Gestern wär ich um halb neun noch unfrisiert im Pyjama angetanzt.

Die Kinder stimmen an: „Gemeinsam unterwegs, bei Kälte, Sturm und Wind, verkünden wir die Botschaft vom neugebor'nen Kind..." In mir blitzen Bilder meiner Kindheit auf: Das nasskalte Wetter, die klammen Finger, das Stiefeln durch den Schneematsch von Haus zu Haus. „Ein Stern mit hellem Brande, drei König rief geschwind...", sangen wir damals und den Haussegen „Erfüll mit deinen Gnaden...". Die Lieder sind sicher auf meiner Festplatte abgespeichert.

Jetzt folgt das Sprücherl, das sie abwechselnd aufsagen und dabei um eine Spende bitten. Sie sind aufgeregt, aber gut gelaunt. Ihre Freude wird noch größer, als ich meinen Geldschein in ihre Kassa lege. Murmelnd rechnen sie zusammen, welchen stolzen Betrag sie bisher zusammengetragen haben. Es läuft!

Wir lieferten uns damals einen internen Wettbewerb, welche Gruppe am Ende des Tages die höchste Summe verbuchen konnte. Über 4000 Schilling war bei uns in den 80ern das erklärte Ziel, aber das gelang nur selten. Dafür war das Aufteilen der Süßigkeiten, die in einer eigenen Tragtasche gesammelt wurden, umso schöner.

Apropos Süßes– ich laufe schnell ins Wohnzimmer und greife nach einer Schachtel Merci, die auf diesen Anlass gewartet hat. Die Kinder strahlen glücklich und motiviert geben sie mir die Hand verbunden mit dem Wunsch für ein gutes neues Jahr. Ich klebe den bedruckten Streifen 20 C+M+B 20 auf unsere Türe.

Früher haben wir diesen Segen „Christus mansionem benedicat" (oder auch landläufig: Caspar, Melchior, Balthasar) mit weißer Kreide aufgemalt. Manche Menschen haben sich so sehr darüber gefreut. Ältere Bewohner baten uns oft in die Wohnung zu kommen und vor dem Christbaum oder der Krippe zu singen, sie waren tief bewegt. Mir wurde ganz seltsam dabei zumute, diese Sehnsucht der Menschen hautnah zu spüren.

Andererseits, gerade in Wohnblocks, riefen uns Leute unfreundlich zu, wir sollten weitergehen oder es sei niemand zuhause. Der Besuch der Sternsinger war freilich nicht jedermanns Sache, was ich heute gut verstehen kann. Ich jedenfalls habe als Neunjährige ganz viel für's Leben mitgenommen: Gemeinschaft erleben, Gutes tun, Selbstwirksamkeit, die Erfahrung von Aufgenommen oder Abgewiesen werden, berührte Herzen und dankbare Hände. Alles war dabei.

Und auf jeden Fall ein köstliches Mittagessen mit Schnitzel und Pommes bei der Gastmutti, damit wir gestärkt als Botschafterinnen für das Gute weiterziehen konnten.

Frühlingsschauspiel im Seenland

Der Frühling ruft. Also Turnschuhe an, Walking-Stöcke, raus.

Als ich in den Rosenweg einbiege, empfängt mich die gelbe Forsythien-Hecke mit einem breiten Grinsen. Im Blumenkistl der Nachbarin schießt das tränende Herz aus dem Boden. Noch unscheinbar, aber ich erkenne es an den Triebspitzen, der „Herzerlstrauch" war früher meine Lieblingsblume.

Tulpen in allen Farben und gefüllte Narzissen wetteifern am Zaun, wer mit seinem Köpfchen der Sonne am nächsten kommt.

Der Kirschbaum an der Kreuzung grüßt mit zartem Flor in Weiß. Ein Singvogel trällert seine Arie. Ich kann ihn hoch oben sitzen sehen, er trägt braunes Gefieder. Leider verrät er mir seinen Namen nicht, aber ich tippe auf Buchfink. Und im Bauerngarten springen die Blattknospen der Rosen auf. Man kann den Blättchen direkt beim Wachsen zusehen.

Jetzt schlängelt sich der Weg am Bach entlang. Dort wogt ein Meer von Leberblümchen den Hang hinauf. Ich liebe dieses blasse Lila!

Dazwischen gesellen sich schon Schlüsselblumen, wie schön! Ich hirsche den Pfarrgraben weiter und freue mich über die nächste Entdeckung: Ehrenpreis. Himmelblau überall am Straßenrand. Was hat der Frühling da wieder zu Wege gebracht?

Erst vorige Woche war ich unterwegs – was für ein Unterschied! Eine Farbenexplosion: Formen, Blüten, Blättchen, Triebe, Knospen – alles auf einmal! Vom Dürnberg runter überblickt man unsere einmalige Drei-Seen-Landschaft. Eingebettet zwischen dem Naturpark Buchberg und dem Haunsbergrücken. Jedesmal ein erhebender Anblick. Das Blau des Himmels spiegelt sich im ruhigen Wasser.

Ich marschiere weiter an der Friedenskapelle und einigen Bauernhöfen vorbei. Im Vorgarten blühen schon Kuhschelle und Akelei. Als ich am Waldrand ankomme, erspähe ich Weidenkätzchen. Die haben auf mich gewartet, den Platz muss ich mir merken!

Meine Runde führt mich südwärts den Haunsberg entlang. Oben in Ansfelden wächst ein wunderbarer, alter Apfelbaum am Straßenrand. Zu seinen Füßen verneigen sich dutzende Buschwindröschen. Welch ein Liebreiz! Ich kann mich nicht sattsehen an all dieser Vielfalt.

Mitten in der Wiese stehen Gänseblümchen Habt-Acht, in nächster Nähe Gelbsterne und lila Lärchensporn.

Dazwischen fährt mir der Wind durchs Haar, ich halte inne und nehme mir die Zeit, dem Amsellied zu lauschen. Über Moos und den Wiesenberg walke ich nach Hause. Da grüßen mich noch die süßen Duftveilchen und wünschen mir einen schönen Frühlingstag.

Danke, der war wirklich bezaubernd!

Vom Sturm gefällt

Dieses Sturmtief, in der Hexenküche des Sommers 2004 gebraut, nahm zunehmend an Fahrt auf. Es brodelte, donnerte und fegte über den friedlichen Landstrich. Dunkel und Unheil verkündend aus nordwestlicher Richtung. Ich spürte seine Gewalt am eigenen Leib, sie brachte mich zum Schaudern. Meine Arme ächzten bei jedem Windstoß. Die Kräfte, meinen festen Stand zu behaupten, schwanden unaufhörlich. Stoßgebete sandte ich gen Himmel in dieser Nacht. Das wilde Gezeter und Geheule flößte mir Angst und Schrecken ein.

Beistand hätte ich gebraucht, so ausgesetzt stand ich dort oben auf 766 m. Ich war nicht mehr der Jüngste, dem Alter und so mancher Krankheit musste ich Tribut zahlen. Mein letztes Stündlein hatte geschlagen, ich wusste es. Noch einmal blickte ich über das Land, das mir so vertraut war: Über Oberndorf, Nußdorf und Anthering, bis weit hinein in deutsche Lande. Auf der anderen Seite über das sanft hügelige Seenland, bis hin zu den Gipfeln des Alpenvorlandes.

Erinnerungen an meine Geburtsstunde durchzogen meine Adern: Vor 213 Jahren hat man mich hier, an diesen historisch geprägten Ort, verpflanzt. Ich sollte die Menschen an den Kaiser höchstpersönlich erinnern: Joseph der II. war am 28. Oktober 1779 zu Besuch am Haunsberg gewesen und hatte das Land dadurch „geadelt". In Gedenken an seinen Aufenthalt wurde ich 1791, ein Jahr nach seinem Tod, gesetzt. Eine besondere Ehre und Auszeichnung für mich als einfache Rotbuche.

Mittlerweile habe ich mich außergewöhnlich prächtig und stattlich entwickelt. Von über 30 km Entfernung war ich bei klaren Luftverhältnissen mit bloßem Auge sichtbar. Ein Naturdenkmal, das von Wandersleuten und Ausflüglern bewundert wurde. Wie schön diese Anerkennung war. Sie wird mir fehlen… Einzig im Heimatmuseum wird man meinem Holz gedenken.

Krachzackbummweh! Die grobe Hand des Sturms hat mich gepackt und zu Boden geschleudert. Mein Stamm ist entzwei, mein Fundament entwurzelt, geborsten sind meine tragfähigsten Äste. Adieu, ich nehme Abschied und bete für meine Kindeskinder, dass sie sich an meiner statt entfalten.

Welche Tragik! Ich hätte heulen können, als ich vor dem komplett zerstörten Baum stand, mein Inbegriff von Stärke und Weisheit. Besucht man heute das Fleckchen Erde auf dem Haunsberg, wo einst die Kaiserbuche thronte, findet man eine Inschrift, in Stein graviert: „Der große Europäer Ehzg. Otto v. Ö. [= Erzherzog Otto von Österreich] setzte die neue Buche am 1. Mai 2005..." *

Imposant ist dieser junge Ableger der Buche noch nicht. Aber der Haunsberg ist seit 2018 um eine weitere Attraktion reicher: Die VEGA Sternwarte Haus der Natur wurde hier als eine der modernsten öffentlichen Sternwarten Europas errichtet. Ein Besuch zahlt sich aus! Ich durfte einen Blick durch das Spiegelteleskop werfen. Die Ringe des Saturn waren genauso beeindruckend wie die Jahresringe meiner Kaiserbuche.

*https://de.wikipedia.org/wiki/Kaiserbuche(Haunsberg)

Von Gartenzäunen und Menschlichkeit

Beim Spazieren kommt mir so manches unter. Was mich freut. Gleichzeitig hält alles, was ich sehe und beobachte, mein Gehirn auf Trab. Es gibt ständig Kommentare dazu ab, ungefragt und in einer atemberaubenden Geschwindigkeit. Kennt ihr das auch?

Gartenzäune zum Beispiel eignen sich hervorragend. Der eine ist zu alt, der andere etwas schief. Gleich dahinter, der grüne, ist eindeutig zu grell lackiert. Und der mit den abgewetzten Stempen? Geht gar nicht. Da vorn an der Straße, der würde mir gefallen.

Am Rückweg dasselbe Spiel: zu eckig, zu rund, quergestreift, längsgestreift, zu modern oder passt nicht zur Farbe des Hauses. Was für eine enorme Datenmenge! Obwohl ich zur Verarbeitung erst gar nicht komme, denn Vierbeiner kreuzen auch gelegentlich meine Pfade. Bei denen klingt meine Schnellanalyse in etwa so:

Oh wie süß, ist der herzig. Wie brav der an der Leine geht. Ups, für den braucht man eine

Lupe. Der braune hat ein glänzendes Fell. Ganz der Besitzer. Wie grimmig der drein schaut! Mei, den wuscheligen würde ich sofort adoptieren. Und so weiter und so fort.

Ist das noch normal oder falle ich total aus der Art? Habe ich einen Bewertungszwang? Darf nicht alles so sein, wie es eben ist? Mir wird selber ganz schwindlig dabei, denn mein Marathon macht auch vor Menschen nicht Halt. Erschreckend, wenn ich es denn bewusst wahrnehme.

Ich sehe ein ganz ungewöhnliches Paar Hand in Hand durch den Ort schlendern. SIE sehr schlank und mindestens 40 cm größer als er. Ihre Beine ragen schmal und lang aus den Stiefeln. ER dagegen klein und gedrungen. Mein erster Eindruck: Na, die passen ja zusammen!

In derselben Sekunde ertappe ich mich und bin entsetzt. Wie kann ich so etwas denken? Wo bleibt meine Toleranz? Zeitgleich laufen die hundert Geschichten, die ich in den letzten Wochen auf der story.one Plattform gelesen habe, wie im Zeitraffer vorüber und stoßen etwas in mir an. Menschen und ihre Träume, Sehnsüchte, Wünsche und Schicksalsschläge, alle auf der

Suche nach Übereinstimmung und Erfüllung. Sind sie nicht in ihrer Verschiedenheit so wertvoll? Haben nicht alle etwas zu sagen?

Jeder Mensch soll das Prädikat außergewöhnlich tragen dürfen, wenn er oder sie möchte. Es veredelt uns, es lässt uns wachsen und wir können im besten Fall zum Leuchtturm für andere werden.

Da streift mich ein Lächeln, eine Zärtlichkeit für diese Frau und diesen Mann, die sich gegenseitig ihre Verbundenheit und Menschlichkeit zeigen. Ich bin erleichtert, gerade noch die Kurve gekratzt zu haben. Aus dem Bewerten ist ein Spüren geworden. Das will ich trainieren!

Notruf

Der Bus schlenkert ohne erkennbaren Grund. Er kommt ins Schlingern. Plötzlich beschleunigt er wieder. Der Aufprall klingt nach zerborstenem Glas. Wie in Zeitlupe kippt der Anhänger des Traktors auf die Fahrbahn. Bremsen quietschen. Keine Chance für den nachkommenden Fahrer. Sein weißer PKW knallt ungebremst hinten drauf. Der Landwirt klettert aus der Kabine seines Traktors und schreit um Hilfe.

Auf dem Hof, dessen Einfahrt keine dreißig Meter entfernt ist, hat man alles gehört. Schnell rennt die Frau zur Unfallstelle. Die Alarmierung erfolgt. Schwerer Unfall mit Verletzten bei den Egelseen. Mindestens eine eingeklemmte Person. Jemand schreit in Panik. Die Polizeisirene durchdringt die seltsame Stille, die sich anfühlt, als wäre das Geschehen aus der Zeit gestürzt. Zwei Uniformierte schreiten die Fahrzeuge ab und verschaffen sich einen ersten Überblick.

Im Bus sitzen noch mehrere Fahrgäste, ein Kleinkind wimmert, die Großeltern starren mit aufgerissenen Augen aus dem Fenster. Ein junger Mann zittert hysterisch. Da finden sie den Busfahrer im Gebüsch liegen, sein Körper seltsam verdreht. Vermutlich aus dem Auto geschleudert. Endlich springt der Notarzt aus dem ersten Rettungswagen, stellt den Koffer ab und widmet sich dem Schwerverletzten. Leider kann er nur mehr dessen Tod feststellen.

Die Sanitäter aus dem zweiten Fahrzeug sind schon beim Beifahrer des Kleinbusses, um seine Platzwunde am Kopf zu versorgen. Mittlerweile rückt die Feuerwehr mit Bergeschere an. Der Eingeklemmte muss aus dem PKW geschnitten werden. Die anderen Einsatzmitglieder sichern derweil den Traktor, damit er nicht ins Rollen gerät. Alle Passiere aus dem Bus konnten vorsichtig aussteigen und im Schatten auf einer Rettungsdecke Platz nehmen. Sie werden umsichtig betreut. Trotz des ersten Schocks geben sie vage Angaben zum Unfallhergang. Vermutlich hat der Fahrer wegen plötzlichen Unterzuckers die Kontrolle verloren und war in den entgegenkommenden Traktor gerast. Jetzt muss noch der schreiende Mann beruhigt werden. Sein Zustand ist kritisch. Erinnerungsverlust, Schock, nur schwer ansprechbar. Man wird ihn zur Weiterversorgung ins Krankenhaus bringen.

An dieser Stelle ruft jemand: „Übung beendet! Danke an alle Mitwirkenden."

Der Einsatzleiter löst das Szenario auf. Dutzende Beobachter sowie Notarzt, Einsatzleiter, Sanitäter, Feuerwehrleute und alle Figuranten (inklusive des Verstorbenen) versammeln sich am Straßenrand. Man spricht über Details und Abläufe der durchgeführten Übung. Das Koordinieren aller Einsatzkräfte ist immer wieder eine Herausforderung.

Was wären wir ohne die vielen freiwilligen Helfer*innen in diesem Land!

„Die Panik hat sich total echt angefühlt", sagt mein Mann, als er aus seiner Rolle als Unfallopfer schlüpft. „Und ich bin froh, dass ich so gut betreut wurde."

Verliebt, verlobt

Die Weyerbucht unterhalb des Schlossbergs von Mattsee ist ein wunderschönes Platzerl zum Verweilen, Spielen, Flanieren und Eis schlecken. Im Winter beschaulich und gemütlich, weil deutlich weniger Gäste zu Besuch kommen als im Sommer. Ab dem Wonnemonat Mai verteilen sich Familien, Ausflügler, Radtouristen und Einheimische, Fußball- Minigolf- und Tennisprofis rund um das Bajuwarendorf. Auf dem Wasser schaukeln Segelboote und Entenfamilien. Vom Strandbad, das zu den ältesten der Gegend zählt, dringt Gelächter und Geschrei herüber.

Weit in der Ferne drehen sich die Flügel der Windkraftanlagen von Munderfing. Auf dem Weg rund um den See überschreitet man die Grenze zum benachbarten Oberösterreich. Der See schmiegt sich in den letzten Zipfel des nördlichen Flachgaus und am oberen Ende steht auf einer kleinen Anhöhe die Filialkirche von Gebertsham.

Bei einer ausgedehnten Wanderrunde mit den Walkingstöcken mache ich dort gerne Halt. Die Aussicht auf den Haunsbergrücken und die weißen Berggipfel im Süden der Stadt Salzburg ist einmalig schön. Darunter schimmert das türkis-blaue Wasser und lässt einen andächtig werden. An diesem besonderen Tag im Juli 2012 bin ich aber aus einem ganz anderen Grund andächtig geworden.

Mein Mann Immanuel und ich hatten beide frei und gerade ausgiebig auf dem Balkon gefrühstückt. Nach Entspannung und faulenzen stand uns der Sinn, ein kleiner Ausflug wäre auch denkbar. Was könnten wir unternehmen? So gar nicht typisch für meinen Liebsten traf er die Entscheidung: „Du wolltest mir schon ewig lange die Kirche von Gebertsham zeigen, weißt du noch?"

Ich freute mich über seinen Tatendrang und genoss die Zweisamkeit. Bald blickten wir über Wald, Wiesen, See und Schilfgürtel zur Stiftskirche von Mattsee hinüber. Eindeutig war das hier ein Kraftplatz, fast alleine saßen wir auf einer Bank. Aber irgendetwas am Verhalten von Immanuel kam mir komisch vor.

„Gefällt's dir?" – „Ja schon, aber könnten wir jetzt in die Kirche schauen…?", kam es etwas unentspannt zurück. „Sicher!" Wir setzten uns in eine Kirchenbank und ich hing kurz meinen Gedanken nach. Meistens, wenn ich ein Gotteshaus betrete, werde ich still und spreche eine lautlose Bitte oder einen Dank aus.

Wieder aufgetaucht sah ich plötzlich etwas Urkomisches: Da saß Scrat, das Säbelzahn Eichhörnchen aus Ice Age - das mich immer zum Lachen bringt - mit einer Schmuckschachtel in Händen und dahinter sah ich meinen am Boden knienden Mann, dem die Schweißperlen auf der Stirn standen.

Jetzt fragt er mich! Jetzt fragt er mich! Jetzt…

Mein Hirn war bis auf diesen einen Gedanken absolut leer. Seines wahrscheinlich auch - trotzdem fand er die rührendsten Worte überhaupt. Der Ring passte ganz genau und ich trage ihn heute noch auf dem Finger meiner linken Hand. Ich habe JA gesagt, voller Freude und Vertrauen und bin ihm lachend um den Hals gefallen.

Supermond und Ente

Verschiebt sich etwa die Zeit oder nur mein Zeitgefühl? Wer weiß das so genau. Jedenfalls nahm ich mir gestern Abend Zeit, auf den Vollmond zu warten. Um halb acht saß ich auf einer Bank am See mit Blick auf den Buchberg. Er wurde gerade in rot-goldenes Licht getaucht. Möwen zogen kreischend umher. Der Wind sandte Motorenbrummen über das Wasser. Am Himmelszelt war noch kein einziger Stern zu sehen. Es würde noch dauern.

Ein Enterich war auf der Suche nach seiner Frau, schwamm durchs Schilf und rief nach ihr in schnatternder Entensprache. Ich horchte auf und musste schmunzeln. Mit den Schanzfedern wackelte er ganz aufgeregt und drehte eine suchende Runde. Nun kehrte er mit seiner Entendame zurück und beide begannen mit der Abendtoilette. Es war so lustig anzusehen: Zuerst tauchten sie im seichten Wasser unter. Danach zupften sie ihr Gefieder zurecht, wackelten mit ihrem Hinterteil und plusterten die Flügel auf, um sie zu trocknen. Die Federn schimmerten im letzten Sonnenlicht. Sie kuschelten sich zusammen, steckten ihre Schnäbelchen unter die Flügel und schliefen ein. Das Weibchen blieb im Uferwasser stehen, das Männchen legte sich auf den Kieselsteinstrand.

Inzwischen senkte sich die Dämmerung herab. Die Glocken der Kirche sangen ihr Abendlied. Ich summte alle Mondscheinlieder, die mir in den Sinn kamen und wurde immer ruhiger.

Plötzlich sah ich schwarze Schatten über dem Wasser. Die Fledermäuse waren aufgewacht und tanzten durch die Luft. Lautlos, in kurvigen Bahnen, sausten sie aneinander vorbei. Mir würde schwindlig dabei werden!

Noch war es zu hell, um den aufgehenden Mond sehen zu können. Das Warten zog sich in die Länge. Da schwamm ein stolzer Schwan ins Blickfeld, breitete seine Flügel und wuchtete sich mit kräftigen Schlägen empor. Er glitt knapp über der Wasseroberfläche, es war, als ob man seinen Flügelschlag greifen könne.

Der helle Abendschein lag nun hinter mir, während der Bergrücken langsam im Dunkel versank. Nun konnte ich die Lichter am gegenüberliegenden Ufer studieren. Gemeinsam mit ihrem Spiegelbild im Wasser formierten sie sich zu einem liegenden Eiffelturm. Meine Fantasie ließ mich die Wartezeit vertreiben. Die Kirchturmuhr schlug drei Mal, es war Viertel vor neun.

Kühle Luft schwappte vom See herauf und umhüllte mich immer mehr. Jetzt würde ich mich wirklich über den Mond freuen, wenn er denn endlich aufginge. Ich band mir den Schal um die Beine und starrte hinüber zum Buchberg. Links vom Gipfel erspähte ich einen feinen Schimmer. Das musste er sein! Gebannt ließ ich meinen Blick fest auf die Stelle gerichtet, wo ich meinen Freund erwartete.

Was soll ich sagen? Heller als zigtausend Sterne strahlte mir der Supermond entgegen. Da verblasste sogar die Venus. Groß und rund und schön war er. Im Nu tauchte er über den Waldrand empor und rollte seine Bahn entlang.

Zeit für mich heimzugehen, nachdem ich so intensiv dem Nachtlied der Natur gelauscht hatte. Und die Enten habe ich lieb gewonnen.

Mein Kultursommer

Der Verein „Erlebnis Kultur Seeham" organisiert Jahr für Jahr hochkarätige Veranstaltungen auf der Seebühne Seeham oder im Festsaal der Volksschule. Voriges Jahr hatte ich großes Glück: Meine Freundin lud mich im Juni zum Konzert des Ballaststofforchesters ein. Musik der 20er - 30er Jahre, witzig und hoch musikalisch dargeboten, belebte uns für einen Abend. Mein Fuß wippte im Takt mit, bekannte Melodien wie „Der kleine grüne Kaktus" summten wir im Duett.

Drei Wochen später, zum Schulschluss, fand die Premiere des Theaters auf der Seebühne mit dem Klassiker „Der Brandner Kaspar und das ewig' Leben" von Kurt Wilhelm statt.

Es war eine klare Vollmondnacht, als die Barke mit dem Tod über das dunkle Wasser glitt. Schaurig schön! Leider konnte der „Boandlkramer", wie er salopp in bayrischer Mundart genannt wird, dem Kirschgeist nicht widerstehen. Seine Aufgabe, den Brandner Kaspar heimzuholen, missglückte. Der himmlische Rat geriet daraufhin gehörig durcheinander.

Wir amüsierten uns köstlich über die weiteren Verstrickungen, es blieb spannend bis zum Schluss. Über dem Obertrumersee brach eine laue Nacht herein, als der Schlussapplaus ertönte.

Anfang August schritt der Tod ein zweites Mal daher und brachte uns und dem Jedermann das Grauen bei. Es war eine spannende Inszenierung auf der Freiluftbühne am Schlossberg in Mattsee. Zwei Schülerinnen aus meiner Klasse traten mit dem armen Schuldknecht auf. Der geizige Jedermann zeigte aber kein Erbarmen mit ihm.

Dafür zogen die strahlende Buhlschaft und der Mammon, verkörpert durch eine Akrobatin im goldenen Catsuit, alle Blicke auf sich. Sehr ergreifend war für mich zum Schluss Jedermanns Begegnung mit der Figur der guten Werke, die ihn bis in die Arme des Todes begleitete. Was für ein Glück, dass es nicht zu regnen begann und uns der Nachthimmel nur mit einer leichten Windböe einfing. Ich genoss den Abend sehr.

Durch Zufall konnte ich dann noch Karten für „Quadro Nuevo" erstehen. Wow, die haben mich hinweggefegt mit ihrer Musikalität! Schwer beeindruckend. Da spielten unglaublich talentierte Solisten miteinander auf: Klavier, Akkordeon und Kontrabass überstrahlt von einer leidenschaftlichen Harfinistin. Für den melodischen Klang sorgte der Basssaxophonist und alle zusammen bildeten eine grandiose Einheit.

Pure Passion im Schloss Mattsee! Auch für den Diabellisommer, das exklusive Musikfestival, öffnet das Schloss alljährlich seine Pforten.

Ich freue mich jedenfalls, all diese Erlebnisse festhalten zu können, damit sie in meiner Erinnerung lebendig bleiben. Mein Kultursommer macht mich froh.

Das große „Rennen"

Bei Bergerlebnis denkt man an einen Gipfelsieg. Zumindest an einen Aufstieg. Wenn möglich auf zwei Beinen. Mit leichtem Gepäck und lohnenswerter Aussicht. Bloß - was habe ich mir da angetan? Das Raufkommen war in diesem Fall nicht das Problem. Dafür das Runterkommen umso mehr.

Warum ich diesen Schnupperkurs gebucht habe? Reiner Gruppendruck, ich geb's zu, keine freiwillige Entscheidung. Aber ich wollte Dabeisein. So liege ich mit einem elefantengroßen Rucksack auf der abschüssigen Wiese und sortiere zum x-ten Mal Leinen, völlig entnervt und entkräftet.

Man fragt sich, was es auf einem Berg zu sortieren gibt? Jede Menge bunter Schnüre, die zu einem Gleitschirm gehören. Das Tagesziel heißt: Schmeiß dich mitsamt diesem Ungetüm den Abhang hinunter! Wenn du Glück hast und eine Brise Wind sich deiner erbarmt, bleibst du sogar 5 Sekunden in der Luft.

Das klingt einfach, laut Theorie. Der erste Versuch läuft gar nicht mal schlecht, denn da habe ich noch starke Muskeln und lauffreudige Beine. Jedoch - die Flugerfahrung bleibt mir verwehrt.

Wenigstens habe ich wieder festen Boden unter den Füßen. Mitsamt meiner Kollegenschaft raffe ich den Gleitschirm zusammen und hechte mich aus der Landezone. Schnaufend erklimme ich den Berg und überlege ernsthaft, ob eine Trinkpause angebracht wäre. Noch gebe ich nicht klein bei. Beim zweiten Mal läuft's bestimmt besser. Verhedderte Fäden entwirren ist jetzt meine Disziplin. Aber sie lassen sich nicht bändigen. Hilfe!

Endlich stehe ich fokussiert am Abflugpunkt. Sobald über Funk das Startkommando „Rennen!" kommt, muss ich meine Beine in die Hände nehmen, die sich in Wahrheit an die Leinen des Schirms klammern. Ich stürze mich vorwärts, reiße den Schirm nach oben und warte darauf abzuheben. Nichts passiert. Eine Windböe hat meinen Schirm einmal um 180 Grad gedreht. Alles zurück auf Anfang. So eine verdammte Scheiße! Selten ist mir nach fluchen zumute, heute schon.

Dritter Versuch. Schließlich hat es mein Freund schon weit nach oben geschafft. Sogar eine angedeutete Linkskurve ist ihm vergönnt. Für diese Schwerarbeit möchte ich bitte eine Entschädigung, laut Prospekt wurde mir schließlich das Gefühl grenzenloser Freiheit versprochen. Meine Oberschenkel brennen, meine Füße sind wund gelaufen, meine Finger total verkrampft. Ich memoriere den klugen Spruch: Man kann aufgeben, nachgeben oder alles geben. Darum noch einmal von vorn!

Für einen winzigen Moment hebe ich ab, schwebe über der Wiese und staune, wie viele Meter mich bereits vom Boden trennen. Vor mir schmiegen sich die Egelseen in die Landschaft. Ich nehme die Luft als tragendes Element wahr. Rums, die Landung kommt zu plötzlich. Aus der Traum! Und ehrlich: Dieser Kraftaufwand ist nichts für mich.

Aber mein Schwager, den hat die Lust gepackt. Er hat bereits viele Stunden Flugerfahrung. Wenn er als Tandempilot ausgebildet ist, dann würde ich sogar eine Runde mit ihm drehen. Denn so ein Bergerlebnis, das ist bestimmt schön.

Engel, Harfe, Teufelsgraben

Der warme Abendwind strich über das Gras. In der Feuerstelle prasselten die Flammen, das Holz knarzte. Rundherum standen Menschen, plauderten, prosteten sich zu und blickten über die Felder. Mir war wohlig zumute. Ein Sommerabend, wie bestellt für ein Konzert auf der Waldbühne. Noch eine halbe Stunde bis zum Beginn. Hier oben am Seehamer Webersberg, beim Gasthof Schießentobel, gibt es einen magischen Veranstaltungsort. Eine kleine Bühne aus Brettern mitten im Wald versteckt. Im Hang oberhalb einfache Sitzbänke aus Holz. Jeder Besucher bringt seine Sitzunterlage selber mit. Etliche Meter unterhalb der Bühne fließt ein beschaulicher Bach durch den Teufelsgraben.

Beim Tobelmühlhof kann man gemütlich auf eine Jause einkehren oder sich mit dem Kugelmüller verabreden. Er bietet Führungen beim Wasserfall an. Dort, wo ein Wasserrad den kreisrunden Mühlstein in Bewegung hält. Darin lagen seinerzeit Marmor-Rohlinge, die über viele Stunden rund geschliffen und poliert wurden. Die Kugeln dienten den Seefahrern als

Ballast für ihre Schiffe. Bei einem Spaziergang durch den Teufelsgraben kann man zur Ruhe kommen, seine Füße abkühlen, Steinmanderl bauen oder dem Geschnatter des Federviehs lauschen, das dort haust.

Nun hatten alle Besucher einen Platz gefunden. Die Wipfel der Fichten neigten sich im Abendwind. Zwei Scheinwerfer beleuchteten einen Sessel, ein kleines Tischchen mit einem Buch darauf und eine Harfe. Jetzt betrat Heidi Pixner, gebürtige Südtirolerin und Schwester von Herbert Pixner, die Bühne und nahm Platz. Ihre lockigen Haare fielen ihr auf die Schultern. Nun setzte sie ihre schlanken Hände an die Saiten ihres Instruments und begann zu spielen. Da stiegen sphärische Klänge empor, umkreisten die Bäume, spielten mit dem Wind und legten sich wie Samt und Seide ums Gemüt. Zartheit und Leidenschaft tanzten zusammen einen Reigen. Ich war hin und weg. Melodien als Seelenbalsam. Es war mir, als ob ich mit dem Harfenklang verschmelzen würde. Zwischen den einzelnen Musikstücken griff Heidi Pixner zu ihrem Buch, um dem Publikum mit inspirierender Stimme daraus vorzulesen. Spannende und tiefsinnige Geschichten. Auch das wunderschöne Gedicht von Rainer Maria Rilke:

Über die Geduld

...Reifen wie der Baum, der seine Säfte nicht drängt

und getrost in den Stürmen des Frühlings steht,

ohne Angst, dass dahinter kein Sommer kommen könnte.

Er kommt doch! Aber er kommt nur zu den Geduldigen,

die da sind, als ob die Ewigkeit vor ihnen läge,

so sorglos, still und weit...

Ich weinte vor Rührung. Und weil ich die Zeit anhalten wollte, weil ich diesen Moment noch länger genießen wollte. Diese besondere Nacht. Es war die Nacht, in der meine liebe Nichte geboren wurde. Ein kleiner Engel.

Fesche Pedalritter

„Des beißt in die Oberschenkel! Bist du gscheit, des ziagt!" Wir steigen in die Pedale, es geht zach den Berg rauf. Obwohl - Berg ist es gar kein ganzer. Eher eine Erhebung in der Landschaft. Wurscht, weil das Strampeln trotzdem wehtut. „G'sund is des… sehr g'sund!" - „Woaß i eh!"

Andere Radelwütige kommen uns entgegen. Logisch, bei dem herrlichen Wetter! Manchmal wird's eng am Radweg, der Mindestabstand ist gerade noch so gegeben. Wir könnten auf der Straße weiterfahren, dort ist deutlich weniger Verkehr. Leider pfeift Wind aus Südost und stemmt sich vehement gegen uns. „Geh, schleich di, verdammt!" Bleibt auf den Rückweg zu hoffen.

Deutlich schneller und angenehmer verläuft die Heimfahrt, dem Rückenwind sei Dank. Mein Personal Trainer hat mich in den letzten zwei Wochen auf Vordermann gebracht. Ich bin endlich wieder fit wie ein Turnschuh. Was mich antreibt, sind die frische Luft und die figurstraffenden Begleiterscheinungen.

Man muss nämlich wissen, ich finde Athleten auf dem Fahrrad figurtechnisch sehr attraktiv. Noch besser sogar die Triathleten, eine Augenweide! Bei uns im Trumer Seenland komme ich alljährlich in den Genuss sie live zu bewundern.

Zuerst pflügen sie kraulend durch den See, rennen anschließend barfuß und triefend zur Wechselstation, um sich dort auf's Rennrad zu schnallen. Jetzt rasen sie im Affentempo den Haunsberg hinauf, über den Höhenrücken, stürzen sich todesmutig wieder hinunter, kratzen in Seeham die Kurve und umrunden anschließend den See, als wäre nichts dabei.

Zusammen mit vielen anderen Schaulustigen stehen wir applaudierend an der Absperrung und feuern sie an. Wie man nach dieser Höchstleistung noch einen einzigen Schritt laufen kann, bleibt mir ein Rätsel. Aber diese Sportler wollen es wissen! Egal ob Hitzewelle oder schwerer Regenguss, die Triathleten hauen sich nach mehreren Kilometern, die sie laufend zurücklegen, komplett erschöpft ins Ziel. Einfach bewundernswert! Alle Sportlerinnen des weiblichen Geschlechts seien hier ebenso erwähnt, ihre Leistung ist sensationell! Die männlichen Pedalritter ziehen mich halt mehr in ihren muskulösen Bann…genau mein Geschmack!

Ein blöder Vergleich, aber im Gegensatz zu diesen Topstars fühle ich mich wie eine Schnecke auf zwei Rädern. Wäre es möglich so eine atemberaubende Beschleunigung selbst zu erleben?

Ich wollte dem Feeling auf die Spur kommen: Ein E-Bike musste her, ausgeliehen im Tourismusbüro, als der Trend zur Elektromobilität erst im Aufkeimen war. Ich freute mich wie ein Kleinkind und jagte durch die Landschaft.

Das Schilf raste an mir vorbei, der Waldboden überholte mich von der Seite und mein Hirn vermisste den gewohnten Widerstand. Wo war die eigene Anstrengung, das Schnaufen, das quälende Brennen in den Beinen? Zu meiner Überraschung ging mir die Fahrt viel zu schnell! Runter vom Gas. Schauen und genießen. Das hat auch was.

Wo ich zuhause bin

Wo ich heut zuhause bin, leben wunderbare Menschen. Einige von ihnen möchte ich hier erwähnen. Denn ich, als gebürtiges Stadtkind, empfinde den Zusammenhalt am Land besonders stark. Mir gefällt, wie man miteinander ins Reden kommt und aufeinander zugeht.

Als ich nach Seeham gezogen bin, fand ich eine sehr liebe Chorleiterin, die mir zur Freundin wurde. Mit ihr macht das Singen immer Spaß, es geschieht ohne Druck oder Anspannung und nach der Probe gehen wir alle gestärkt nach Hause. Uns verbindet Freude und Freundschaft schon viele Jahre.

Am Wiesenberg, ganz in meiner Nähe, leben zwei kräuterkundige Damen, die in Kursen und Seminaren ihr Wissen weitergeben. Sie sind weitum bekannt und bereichern unser Biodorf. Der Bürgermeister hat mir den Bauerngarten anvertraut und drückt mir immer wieder seine Wertschätzung für meine Blumenpflege aus, was mich jedes Mal freut.

Wir haben auch einen Bienenerlebnisweg, wo Kindern und Erwachsenen das Leben der Honig- und Wildbienen nähergebracht wird. Dem Obst- und Gartenbauverein ist es zu verdanken, dass es auch einen Gemeinschaftsgarten inklusive Garten- und Tomatenhaus gibt. Dort darf man sein „eigenes" Hochbeet gegen eine kleine Mietzahlung bewirtschaften. Herrlich!

Die drei Seen Obertrumersee, Mattsee und Grabensee tun ihr Übriges dazu, dass man sich hier richtig wohlfühlen kann. Rundum findet man wunderschöne Plätze, um in der Natur aufzutanken: beim Brechelbad, beim Wildkarwasserfall, bei der Friedenskapelle oder bei einer Bootsfahrt am See. Die schönste Jahreszeit ist übrigens der Bauernherbst, den sollte man einmal live miterleben.

Seeham bekam vor einigen Jahren den jüngsten Feuerwehrkommandanten von ganz Salzburg, der kompetent seine Aufgaben meistert. Alle helfen zusammen, wenn es wo brennt. Aber auch abseits von Alarmierungen sind die Mitglieder wie eine große Familie, die sich gegenseitig helfen. Das Möbelschleppen beim Übersiedeln von A nach B haben sie uns abgenommen und ungemein erleichtert. Das war einfach spitze!

Im Atelier an der Hauptstraße gibt „unsere" Künstlerin Zeichen- und Yoga Kurse, im Krippenbauverein treffen sich Jung und Alt zum gemeinsamen Werkeln. Beide finden großen Zuspruch und bringen interessierte Menschen zusammen. Der soziale Hilfsdienst engagiert sich vor allem für die ältere Generation und organisiert Sportprogramme, Ausflüge und Vorträge. Auch das Bildungswerk ist mit vielen Veranstaltungen über das gesamte Jahr aktiv.

Und sonst? Es gäbe noch so viel zu erzählen, vom Strandbad und der Wasserrettung, von der Trachtenmusikkapelle und den Eisstockschützen, vom Bioladen, Dorfbäcker und vom Theaterverein. Überall wirken Menschen, die gute Ideen haben und sie verwirklichen wollen, die von anderen unterstützt und getragen werden. Hut ab, wie gut das funktioniert! Bestimmt nicht immer reibungslos, aber doch mit viel Erfolg.

Ich bin glücklich, im Trumer Seenland zu leben und ein Teil davon zu sein.

Josef, der beste Schulwart der Welt

Es ist noch vor 6 Uhr, als unser Schulwart in seine blaue Arbeitsjacke schlüpft und eine erste Runde durch das Schulgebäude dreht. Er sperrt alle Klassenzimmertüren auf, räumt den Geschirrspüler aus und sieht im ganzen Haus nach dem Rechten. Im Untergeschoß hat er sein Arbeitszimmer mit Werkzeug, Waschmaschine, Vorratsregal an Hygieneartikeln und einen Tisch, wo er Schäden an wertvollen Gegenständen ausbessern kann.

Um 7 Uhr kommt der Schulbetrieb allmählich in die Gänge, die ersten Lehrer*innen stehen vor dem Kopiergerät, während er sich bei einer Tasse Kaffee für den Tag stärkt. Pünktlich um 7:15 nimmt er die Buskinder in Empfang und beaufsichtigt sie für eine halbe Stunde, wobei er liebevoll mit ihnen plaudert. Triffst du ihn morgens irgendwo im Stiegenhaus, so schenkt er dir lächelnd ein „Guten Morgen".

Sobald wir in den Klassen verschwunden sind, beginnt Josefs Arbeit rund ums Haus. Rasenmähen, die Absperrbänder befestigen, den Müll, der tags zuvor liegen gelassen wurde, aufsammeln oder die Fenster putzen. Alle paar Tage ist wieder eine Leuchte oder Batterie auszutauschen. Im Konferenzzimmer wartet eine Staubschicht, das Kopierkammerl versinkt in Papierschnipseln, die tägliche Post will rechtzeitig aufgegeben werden. Danach knöpft er sich die Toiletten vor, wischt, saugt, putzt, bis alles glänzt.

Rasch ist der Vormittag vorüber. Sobald die Schüler*innen entlassen sind, entert Josef mit seinem Putzwagen das Klassenzimmer und schafft wieder Ordnung im Chaos. Nie fällt ein unachtsames Wort, keine Klage, wir würden zu viel Mist hinterlassen. Wenn ich am Schreibtisch sitzend korrigiere, oder versuche, meine tausend herumliegenden Zettel zu bändigen, ergibt sich manchmal ein nettes Pläuschchen. Er legt in seiner für ihn typisch bedächtigen Art beide Hände auf den Griff des Besenstiels und wir reflektieren zusammen das Tagesgeschehen.

Aber meistens wird seine Person GANZ DRINGEND gebraucht: „Josef, das Netzwerk funktioniert nicht. Josef, ich bräuchte bitte ein Verlängerungskabel. Josef, weißt du, wieso die Tafel wieder klemmt? Josef, hast du zufällig den

Karton mit den Bällen gesehen? Josef, wo dürfen wir die Teppichfliesen lagern?" ... Immer hat er eine Lösung parat und noch dazu in Windeseile. So schnell können wir gar nicht schauen, ist das Gesuchte bereits gefunden und montiert. Helfer in der Not ist sein zweiter Vorname.

Das ganze Schuljahr hat seine Herausforderungen, was die Vorbereitungen zu besonderen Anlässen betrifft: Elternsprechtag, Weihnachtsfeier, Faschingsdienstag, Sportfest, überall ist er im Einsatz. Die meiste Arbeit trifft ihn jedoch während der Sommerferien. Dann müssen sämtliche Klassenzimmer ausgeräumt, die Böden neu eingelassen und alle Fenster geputzt werden. So viel zu tun, wirklich! ...

Zwischen 15 und 16 Uhr wird es ruhiger im Haus, dann tritt auch er den Heimweg an, im Hinterkopf immer das Wohl der ganzen Volksschule. DANKE, dass es dich gibt, lieber Josef.

Wenn du deine Räume schmückst

Feiner Nieselregen staubt vor meinem Gesicht und es riecht eindeutig nach dem ersten Schnee. Das Erdreich gibt vor Feuchtigkeit bei jedem meiner Schritte nach. Ich nehme einen tiefen Atemzug und damit die Ruhe in mich auf.

Hier plätschert nur der Bach, da ein emsiges Getue in der Hecke. Mehrere Amseln mit ihren orangen Schnäbelchen stibitzen die schwarzen Ligusterbeeren. Welkes Laub türmt sich am Wegesrand, das Moos glänzt nass und atmet feuchte Luft.

Ich finde Traktorspuren auf meinem Weg durch den Seehamer Pfarrgraben und abgesägte Äste ringsum im Unterholz. Dazwischen liegen ein frisch geschnittener, von grünen Efeuranken überwucherter Baumstamm, rötlich-braune Späne und herabgefallenes Tannenreisig.

Der unverwechselbare Duft des Waldes weckt meine Sinne, ich beuge mich hinunter um ein paar Zweige aufzusammeln. Wie schön sich die dunkelgrünen Nadeln und der hellgrüne Efeu ergänzen, ich sehe den Kranz bereits vor mir.

Am Heimweg trage ich meine Ausbeute staunend und behutsam unterm Arm. Oder sollte ich ein schlechtes Gewissen haben, weil ich den Waldbesitzer nicht um Erlaubnis gefragt habe? Nein, denk ich, die Natur schenkt sich uns in einer solchen Fülle, wem würden diese Äste, oder Abfälle, Weggeworfenes, zur Verrottung Bestimmtes...fehlen?

Mit der Gartenschere zwicke ich handtellergroße Stücke ab, fächere sie zu kleinen Büscheln und lege sie an den Strohring. Jetzt muss ich mein ganzes Fingergeschick aktivieren. Mit einem einfachen Bindedraht fädle ich zweimal durch und ziehe die Zweige fest. Immer wieder auf´s Neue, möglichst gleichmäßig, zuerst außenherum, dann mittig obenauf und ein paar kürzere im Innenkreis.

Langsam wächst das Rund zusammen, die Nadeln pieksen auf der Haut. Ich bin mit meiner ganzen Hingabe dabei, damit sich das Ergebnis sehen lassen kann. Dabei versinke ich in mir selber, empfinde ein stilles Gefühl von Geborgenheit.

Mit den Kindern meiner Schulklasse habe ich gestern auch einen Kranz gebunden. Sie durften selbst die kleinen Äste abzwicken und mir die Büschel zureichen. Den fertigen Kranz haben wir mit Kerzen und Bändern verziert. Sie waren sehr stolz darauf, als sie das gelungene Stück betrachteten.

Ich finde, es spielt keine Rolle, ob man den Advent mag oder christliche Bräuche zur Weihnachtszeit pflegt – einfach das eigene Zuhause, die Wohnung, das Zimmer mit selbstgemachten Kostbarkeiten (im besten Fall von der Natur geschenkt) zu schmücken, ist wie ein zu sich selber finden.

Wenn du deine Räume schmückst, schmückst du deine Seele:

Es macht Freude und dann strahlt auch mein Herz in dieser dunklen Jahreszeit.

Sprache der Begegnung

Auf Einladung der öffentlichen Bibliothek der Gemeinde Obertrum am See:

Einfach mal ganz vorne sitzen und vorlesen. Eigene Geschichten. Ganz persönliche Erlebnisse. Vor mitunter unbekannten Menschen und Gesichtern. Sich öffnen und das Herz weiten. Verbunden mit dem Wunsch zu unterhalten, zu berühren oder zum Nachdenken anzuregen. Gehört werden auf eine ganz besondere Art und Weise.

Mir kommt vor, als ob sich Raum- und Zeitkontinuum in eine andere Dimension verschieben. Das klingt jetzt irgendwie nach Abheben, Schweben, nach Leichtigkeit. Einsteigen bitte! Der gemeinsame Streifzug beginnt.

Meine Lippen sind trocken vor Aufregung und manche Wörter stolpern etwas sperrig darüber, fügen sich aber in den unbefangenen Erzählfluss. Lachen und Schmunzeln im Publikum, wache und gespannte Blicke, die mich vorwärts tragen von einer Geschichte zur nächsten.

Mir purzeln die geschriebenen Sätze mit großer Freude aus der Seele. Sind sie doch aus mir herausgeboren und werden wertgeschätzt. Ihr Dasein hat einen Raum gefunden, der sie stark macht und ihnen Bedeutung verleiht. Bedeutsames Sein. Nicht durch Leistung bedingt. Meine tiefe Sehnsucht.

Freundliche Augenpaare spiegeln mich zurück und reflektieren unmittelbar die Stimmung. Warmer Lichterschein der Sprache der Begegnung. Von den Saiten der Harfe aufgenommen, die meine Freundin und Kollegin so glänzend bespielt. Sie klären die Gedanken und schenken Zeit zwischen den einzelnen Anekdoten.

Wie gelungen die Plattform story.one ist, schildere ich, stelle meine Bücher vor und ermutige zum selber Schreiben. Schlummert doch in jedem von uns so viel Bemerkenswertes. Wir können lang behütete Gedanken teilen und uns mit unseren Erfahrungen gegenseitig inspirieren.

Von einem persönlichen Austausch abgerundet, verdichtet sich das soeben Erlebte: „Wunderbare Auswahl, danke. Wie toll du schreibst, mach weiter! So ein schöner sidestep vom All-

tag! Zauberhaft, herzerfrischend, charmant."
Bin das tatsächlich ich?

„Sei ganz du selbst, niemand kann das besser als du" (von Julia Olsen) habe ich vor einigen Jahren an die Wand unseres Wohnzimmers gepinselt und als Vorwort in mein erstes Buch drucken lassen. Ich kann sein, wer ich bin und werden, wer ich sein will. Allein durch die Kraft des Wortes. Fantastisch und magisch.

Danke allen lieben Zuhörer*innen und dem tollen Team der Bibliothek Obertrum, die mir diese Lesung ermöglicht haben.

MONIKA BAYERL

Geb. 1975 in Salzburg, verheiratet, VS-Lehrerin mit großem Herz und Engagement, Sternzeichen Waage, zuhause in Seeham. Schreibe und singe für mein Leben gern. Sammle storys unter #mutmacher. Ich liebe das Leben, weil es unbedingt lebenswert ist und herzergreifende Geschichten. Ich liebe meinen Mann, weil ich bei ihm zuhause bin und unseren Kater Findus, der schon beim Anschauen schnurrt; Ich liebe die Natur, weil sie unglaubliche Heilkräfte birgt und die Bewegung, weil sie uns in allen Belangen vorwärts bringt; Ich liebe es, Menschen in ihrer Vielfalt mit all ihren Fähigkeiten zu begegnen; Meine Bücher:
Liebe wächst ISBN 978-3-99087-009-9 /
Nach Perlen tauchen ISBN 978-3-99087-045-7

Alle Storys von Monika Bayerl zu finden
auf www.story.one

Viele Menschen haben einen großen Traum: zumindest einmal in ihrem Leben ein Buch zu veröffentlichen. Bisher konnten sich nur wenige Auserwählte diesen Traum erfüllen. Gerade einmal 1 Million publizierte Autoren gibt es derzeit auf der Welt - das sind 0,013% der Weltbevölkerung.

Wie publiziert man ein eigenes story.one Buch?

Alles, was benötigt wird, ist ein (kostenloser) Account auf story.one. Ein Buch besteht aus zumindest 12 Geschichten, die auf der Plattform gespeichert werden. Diese lassen sich anschließend mit ein paar Mausklicks zu einem Buch anordnen, das sodann bestellt werden kann. Jedes Buch erhält eine individuelle ISBN, über die es weltweit bestellbar ist.

Auch in dir steckt ein Buch.

Lass es uns gemeinsam rausholen. Jede lange Reise beginnt mit dem ersten Schritt - und jedes Buch mit der ersten Story.